Alex et le secret de TOUTANKHAMON

Direction de la publication : Carine Girac-Marinier
Édition : Ella-Meï Tabernero Chaudet
Direction artistique : Uli Meindl
Conception graphique : Sophie Rivoire
Mise en page : Tiphaine Desmoulière
Fabrication : Marlène Delbeken

Crédits des illustrations :
Vincent Raffaitin (pages 3, 5, 8, 12, 15, 16, 20, 27, 31, 32, 38, 39, 40, 46, 54, 59, 60-61, 63, 67, 72, 74, 79, 80, 81, 82, 84, 85, 86, 88, 90, 91, 93, 95, 97, 98, 99, 101, 102, 114, 116, 121, 122, 123), Shutterstock

21, rue du Montparnasse
75283 Paris Cedex 06

POCHE

ESCAPE GAME

Alex et le secret de TOUTANKHAMON

Vincent Raffaitin

LAROUSSE

Les ESCAPE GAMES de poche

Les scénarios des escape games de poche vous permettent de vivre des aventures littéraires à la croisée des escape games classiques et des livres dont vous êtes le héros.

Enfermé dans une salle, vous devez explorer votre environnement et utiliser les objets à votre disposition pour vous échapper en un temps limité.

Observation, réflexion et imagination vous guideront vers la sortie.

Le livre se décompose en plusieurs sections.

Les salles

Le livre se lit de façon « linéaire ». Il faut parfois lire toute la section ou le chapitre pour trouver les indices qui permettent de résoudre l'énigme. Quand une énigme doit être résolue une phrase apparaît en **gras**.

Une fois la solution trouvée, il suffit de tourner la page pour continuer l'aventure. La solution et le détail du raisonnement seront expliqués à ce moment-là.

Observez toutes les illustrations : vous pourrez y trouver des lettres cachées qui permettront de débloquer des objets ou des actions.

Quand vous en trouvez une, reportez-vous au tableau décodeur à la fin du livre, page 116.

Voici un exemple : une lettre est cachée dans ce dessin. La voyez-vous ?

En regardant bien à la naissance de la queue de l'abricot de gauche, vous distinguez la **lettre** C. Vous n'avez plus qu'à trouver son utilité dans le tableau à la fin du livre.

Les indices

En fin d'ouvrage, vous retrouverez l'intégralité des indices et du raisonnement à suivre pour résoudre les énigmes. Il y a deux niveaux d'indices. Attention, ces indices ne doivent être lus qu'en cas d'extrême nécessité car ils peuvent vous gâcher le plaisir de chercher par vous-même.

Les solutions

Quand vous pensez avoir trouvé la réponse à une énigme, tournez la page et lisez la solution pour continuer votre aventure.

À chaque fois que vous faites une *erreur*, vous noterez une croix dans le cadre ci-dessous.

Au bout de 3 croix, vous avez perdu !

À chaque fois que vous utilisez un *indice*, vous noterez une croix dans le cadre ci-dessous.

Au bout de 5 croix, vous n'avez plus le droit d'utiliser des indices !

Cet escape game contient des documents à découper et à conserver précieusement à la fin du livre en collant une enveloppe.

« La mort touchera de ses ailes celui qui dérangera le sommeil de Pharaon. »

Inscription gravée à l'entrée du tombeau de Toutankhamon.

Introduction

Paris, chez vous
Février 2020

Un peu plus d'un an s'est écoulé depuis votre incroyable découverte au château du Clos Lucé[1] .

Mais comme votre enquête et vos trouvailles ont dû rester secrètes, votre carrière de journaliste n'a pas bénéficié de vos découvertes.

[1] *Alex et le secret de Léonard de Vinci*, Éditions Larousse

Votre rédac' chef vous considère maintenant comme un journaliste de seconde zone et ne vous confie plus que des sujets sans aucun intérêt.

Vous êtes un porte-voix du vide de la pensée !

Vous vous êtes mis au yoga pour essayer de vous détendre et de relativiser. Sinon, ce serait la déprime totale !

Vous allez peut-être avoir besoin de cours supplémentaires aujourd'hui, car vous venez de recevoir un mail de la rédaction qui vous somme d'écrire un article sur le nouveau chien d'une jeune bimbo américaine…Quel boulot ingrat !

Mais vous ne perdez pas espoir. Vous êtes sûr qu'un jour ou l'autre, la chance va tourner et que vous serez reconnu à votre juste valeur.

DRIIIING !

Qui peut sonner de si bonne heure ?

Vous allez d'un pas nonchalant jusqu'à la porte. Personne de visible à travers le judas.

Vous ouvrez et…

Un colis a été déposé sur votre paillasson et vous entendez les bruits sourds d'une personne dévalant les escaliers de votre immeuble.

Sur le dessus du colis, une petite carte vous est adressée.

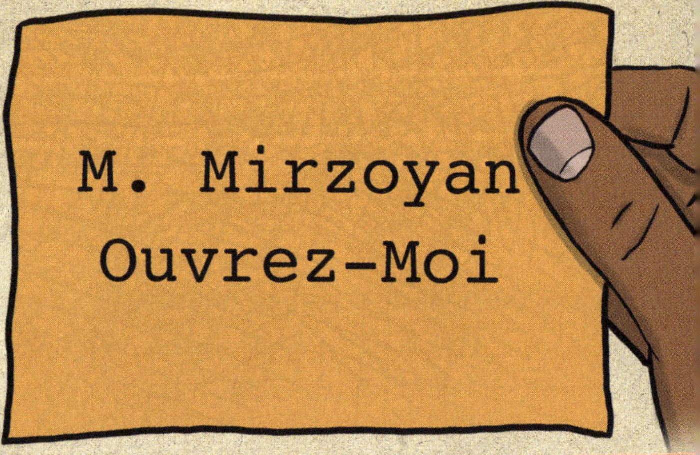

Ah non ! Ça ne va pas recommencer !

Vous froissez la note, la jetez au sol, claquez la porte et vous dirigez d'un pas décidé vers votre canapé.

Une fois allongé, vous sortez votre Smartphone pour jouer à un petit jeu très divertissant.

Vous n'êtes absolument pas concentré et votre équipe virtuelle de soldats impériaux se fait massacrer par l'adversaire sans que vous réagissiez. Vous avez les yeux rivés sur la porte et l'esprit obnubilé par ce qu'il y a juste derrière, ce nouveau colis, ce nouveau mystère.

La musique indiquant que vous venez de perdre votre combat retentit. Vous éteignez d'un geste sec votre téléphone. Au fond de votre poitrine, votre cœur bat la chamade. Quel est ce nouveau colis ? Est-ce encore cette émission de télé-réalité ?

Vous devez absolument en avoir le cœur net.

Vous retournez sur le palier, vous attrapez le paquet et le déposez sur la table du salon.

Il est bien moins lourd que la dernière fois.

Vous l'ouvrez délicatement et à l'intérieur, vous découvrez un document enroulé sur lui-même.

Scellé à la cire, ce papier ressemble étrangement à un papyrus.

Vous le sortez de la boîte et le déposez sur votre bureau. Une fois votre lampe de travail allumée, vous vous servez d'un couteau fin pour ôter le cachet de cire et vous déroulez le papyrus.

D'un côté du document, vous découvrez une multitude de symboles. Seraient-ce... Mais oui... **Des hiéroglyphes !**

De l'autre côté, vous voyez le dessin d'un éléphant portant une large structure sur son dos.

C'est tout de même incroyable. Qui peut bien vous écrire de la sorte ? Et pourquoi vous contacte-t-on encore avec un message codé ? Vous êtes journaliste, vous ne sortez pas de Polytechnique et vous n'êtes pas un analyste de la CIA ! Il va sûrement falloir transcrire ce message.

En regardant attentivement, vous reconnaissez quelques termes de l'alphabet phonétique des hiéroglyphes, des unilitères : le poussin de caille, le roseau fleuri, l'avant-bras...

Il ne vous reste qu'une chose à faire : déchiffrer le message !

Que veut dire le message écrit en hiéroglyphes ?

Ne tournez pas la page avant d'avoir décodé le message.

Maintenant, si vous êtes sûr de vous, c'est parti : lisez la page suivante et poursuivez votre aventure.

Si vous êtes bloqué, consultez l'**indice** 5734. Vous êtes toujours bloqué ? Consultez l'**indice** 2928 à la fin du livre.

Notes

En utilisant les restes de connaissances que vous avez accumulées lors de votre adolescence, vous parvenez à relier chaque hiéroglyphe à une lettre.

En associant chaque lettre à un hiéroglyphe, vous obtenez :

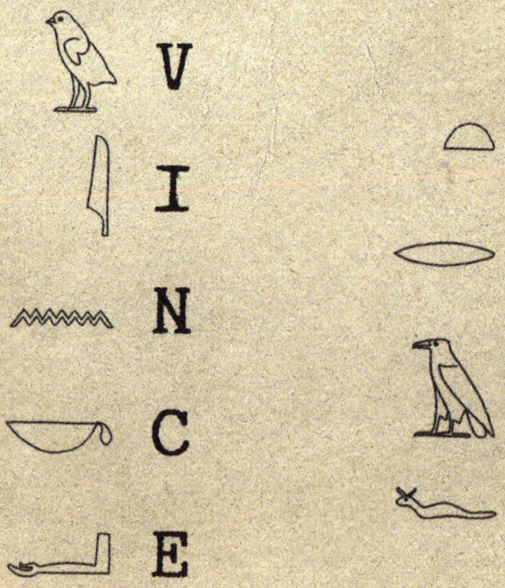

Le message décrypté est donc le suivant :

« Venir ici vite »

Ici ? Mais où ?

Vous avez dû rater quelque chose. Alors que vous venez de passer plus d'une demi-heure à déchiffrer de l'égyptien ancien, vous voilà déjà dans une impasse.

La première lettre de chaque mot ? V-I-V… 5-1-5 en chiffres romains… Des coordonnées GPS ? Non, c'est trop petit, les coordonnées sont plutôt du type xx.xxx yy.yyy.

Mais alors, quel est cet « ici » ? Vous fixez longuement le papyrus, espérant qu'il vous fasse un signe ou qu'un indice apparaisse.

Le dessin !

Mais oui, le dessin de l'éléphant !

Vous aviez lu quelque chose, pendant vos études, à propos d'un éléphant gigantesque à Paris. Une rapide recherche sur Internet vous apprend ceci :

« *Avant la célèbre colonne de Juillet, que nous connaissons tous, devait s'ériger une fontaine monumentale, alimentée par le récent canal Saint-Martin. Ce projet napoléonien fut abandonné lors de la chute de l'empereur. Cette fontaine n'était autre qu'un éléphant majestueux, surmonté d'un howdah – une sorte de palanquin.* »

Direction : place de la Bastille !

Chapitre I

Paris, place de la Bastille

Voitures, voitures, voitures... Bon, ce n'est pas le lieu idéal pour une entrevue. Surtout lorsqu'on ne sait pas qui l'on doit rencontrer !

Avec cette façon plus qu'énigmatique de fixer ce point de rendez-vous, vous vous attendez à tout. Vous scrutez les passants, les panneaux publicitaires, le rythme des feux tricolores, mais rien ne vous saute aux yeux. Les minutes passent. Vous êtes à la terrasse d'un café, et personne ne vous a fait signe ou vous fait parvenir un message.

Pour passer le temps, vous continuez à chercher des informations sur la place de la Bastille. L'actuelle colonne est érigée sur une galerie circulaire et sur deux caveaux, qui sont les vestiges de la voûte servant à supporter l'éléphant et le système d'irrigation de la fontaine. Sous la place passe également le canal.

En approfondissant vos recherches, vous découvrez une information qui vous interpelle. Dans les caveaux reposent les Parisiens tombés en juillet 1830. Il n'y aurait pas moins de 500 dépouilles humaines. Mais ce qui vous a attiré l'œil, c'est qu'il y aurait également une momie égyptienne !

Rapportée par Napoléon Bonaparte pendant sa campagne d'Égypte, la momie a dû être placée quelque part pour ne pas s'abîmer. Elle a séjourné quelque temps dans les salles basses du musée du Louvre, mais malheureusement, elle a rapidement commencé à s'altérer et à pourrir. Elle est donc enfouie avec les corps des victimes de juillet 1830, et s'est retrouvée, après un rapide séjour dans les jardins de la Bibliothèque nationale, sous la colonne, place de la Bastille.

C'est ça ! C'est forcément là que l'on veut vous emmener ! Un papyrus, des hiéroglyphes, et maintenant une momie… Et ce n'est que le début de la journée !

Vous réglez votre café et vous décidez d'entrer dans ce lieu interdit, encore fermé au public de nos jours. En longeant les berges du canal, vous découvrirez forcément l'entrée de la galerie.

Muni de la lampe torche de votre Smartphone, vous avancez doucement, en essayant de ne pas vous faire repérer, sur les berges souterraines du canal. Vos pas résonnent sous cette voûte de pierre. Une dizaine de mètres vous suffisent pour découvrir une lourde porte métallique dont la poignée est commandée par un Digicode.

Aucun petit papier sur la porte, aucune note glissée au sol. Il va falloir faire avec ce que vous avez pour trouver le code !

Quel est le code à 4 chiffres pour ouvrir la porte ?

Ne tournez pas la page avant d'avoir trouvé le code.

Maintenant, si vous êtes sûr de vous, c'est parti : lisez la page suivante et poursuivez votre aventure.

Si vous êtes bloqué, consultez l'**indice** 2789. Vous êtes toujours bloqué ? Consultez l'**indice** 8631 à la fin du livre.

1 6
2 7
3 8
4 9
5 0
A B

En regardant attentivement le dessin de l'éléphant, et plus particulièrement le haut du *howdah*, le palanquin, vous remarquez que les quatre « créneaux » reprennent la forme des boutons du Digicode. Sous ces créneaux, vous distinguez des chiffres en caractères romains :

III - V - IX - II / 3592

Vous entrez cette combinaison et… la porte s'ouvre. Vous pénétrez dans la crypte, en espérant n'y croiser personne.

Après avoir descendu quelques marches, vous observez autour de vous. Dans cette pénombre angoissante, la crypte circulaire au plafond voûté ne sera pas très longue à visiter. Vous entamez votre tour dans un silence religieux. Malgré tous vos efforts, vos pas résonnent dans ce tombeau. À mi-chemin, vous arrivez devant une stèle fixée dans le mur sur laquelle vous découvrez une inscription.

ICI REPOSENT LES CORPS DES CITOYENS FRANÇAIS

TOMBÉS POVR L'ÉTABLISSEMENT

D'VNE RÉPVBLIQVE DÉMOCRATIQVE ET SOCIALE

Après une minute de recueillement face à cette inscription, vous reprenez votre tour, en scrutant méticuleusement chaque recoin. Malheureusement, pas un seul corps en vue. Les dépouilles humaines sont emmurées, vous n'avez aucune chance d'apercevoir la momie que vous êtes venu « rencontrer ».

Vous revenez à votre point de départ. Déçu, vous ne comptez pas quitter les lieux de sitôt et vous entamez un nouveau tour, dans l'autre sens, pour vérifier que vous n'avez rien raté : un papyrus, une fausse pierre qui renfermerait un message…

CLAC ! Coup de frayeur, un grand bruit parvient de l'entrée. En toute hâte, vous éteignez la lampe torche de votre téléphone et cherchez du regard un endroit qui pourrait servir de cachette, mais rien. Vous a-t-on repéré ? Les forces de l'ordre viennent-elles vous chercher ? Vous allez sans doute passer un sale quart d'heure ! On va vous soupçonner d'avoir voulu piéger la place de la Bastille, vous allez finir en prison…

Mais aucun bruit ne fait suite au premier. Vous attendez quelques secondes et vous vous dirigez vers l'entrée. Vous n'avez pas rêvé ! Quelqu'un s'est bien introduit ici.

Vous découvrez, posé au bas des marches, sur un petit coussin rouge, un cartouche égyptien.

C'est un objet magnifique, assez lourd, d'environ 9 cm de haut. À première vue, vous diriez qu'il est en or, lapis-lazuli et pierre semi-précieuse.

Sur la face avant, une série de hiéroglyphes gravés et colorés : un rond, un scarabée, trois traits verticaux et une sorte de bol.

Le dos, assez inquiétant, est nettement moins décoré.

En tout cas, une chose est sûre : vous êtes venu au bon endroit et votre informateur, très discret, a finalement réussi à vous contacter. Mais pourquoi tant de mystères, pourquoi n'est-il pas venu vous voir en personne ?

D'abord une lettre avec un lieu de rendez-vous masqué, et maintenant ça !

Vous vous attardez sur les hiéroglyphes de la face avant du cartouche. Que cela peut-il bien signifier ?

Une chose est sûre : sur les cartouches ne sont inscrits que les noms des pharaons. Reste à trouver duquel il s'agit !

Et surtout, à quoi sert cet objet ?

Vous le gardez précieusement avec vous.

Pensez à découper la page 31-32 pour la garder avec vous.

Notes

Chapitre II

Paris, de retour chez vous

Vous êtes assis dans votre canapé, le cartouche posé à côté de vous. Vous surfez sur Internet avec votre Smartphone et vous tentez de décrypter le nom du roi d'Égypte gravé sur ce *shenou* – mot qui signifie cartouche en égyptien ancien.

En faisant vos recherches, vous apprenez que les rois n'avaient pas qu'un seul nom. Ils en avaient cinq ! Cela s'appelle la titulature royale. Il y a le nom de naissance et les noms donnés à l'occasion du couronnement. Après de longues heures de recherches, vous pensez avoir trouvé quelque chose.

La demi-lune, c'est *neb*. Le scarabée, c'est *khéper*, mais comme il y a trois traits verticaux en dessous qui symbolisent le pluriel, ça sera *khéperou*. Le cercle en haut, c'est Rê, le dieu du Soleil.

Ce qui donne *Nebkhéperourê*, soit littéralement : « manifestations divines de Rê ».

À peine avez-vous prononcé ce nom royal à haute voix qu'un petit clic se produit à côté de vous.

Vous êtes médusé.

Le cartouche s'est ouvert, au simple son de votre voix !

À l'intérieur, un vieux calepin poussiéreux. Vous le sortez délicatement de son écrin et l'ouvrez à l'emplacement du marque-page.

C'est le carnet secret d'Howard Carter, l'homme qui a découvert, le 4 novembre 1922, la tombe KV 62, celle de Toutankhamon.

Nebkhéperourê est le nom de roi de Toutankhamon !

J'ai fait sceller un coffre dans l'un des murs du tombeau pour que la suite de mes recherches ne soit pas découverte.

Tu le trouveras ici au travers.

Je suis persuadé que le tombeau ne nous a pas livré tous ses secrets. Je n'ai pas le temps nécessaire pour découvrir "la suite du trésor". J'ai peur qu'ils saccagent tout, une fois encore. Ils ne sont attirés que par l'argent.

Toi qui es digne, poursuis mes recherches et découvre ce que je n'ai pu mettre à jour. .

Howard Carter

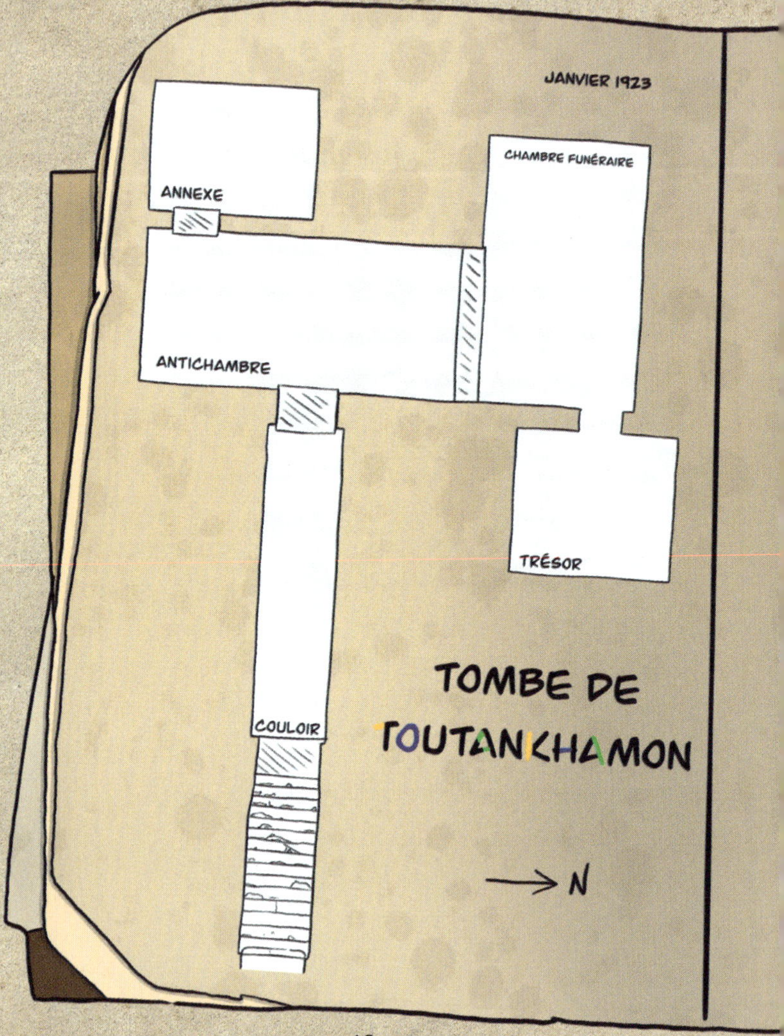
JANVIER 1923
ANNEXE
CHAMBRE FUNÉRAIRE
ANTICHAMBRE
TRÉSOR
COULOIR
TOMBE DE
TOUTANKHAMON
N

Vous êtes dans un grand état d'excitation et une certaine ivresse vous envahit ! Vous avez dans les mains un document historique incroyable.

Et à en croire ce qui est écrit, malgré un anglais vieux d'un siècle que vous n'avez étonnamment pas eu trop de mal à traduire, vous avez également dans les mains ce que l'on peut assimiler à une carte au trésor !

Votre esprit vagabonde, vous n'arrivez pas à vous ressaisir. Que devez-vous faire ? Vous n'avez qu'une envie, partir en Égypte pour trouver ce petit coffre dans le mur. Quel mur ? Vous le saurez sans doute sur place. Mais si c'était une blague ? Non, ce serait vraiment trop poussé pour une émission de télé. Plus vous vous interrogez, plus vous êtes persuadé que vous allez traverser la Méditerranée pour vous rendre dans la vallée des Rois.

Mais avant tout, vous devez vous arranger avec votre patron pour prendre quelques jours de congé. Vous appelez la secrétaire en prenant une voix légèrement plaintive et soucieuse.

- Bonjour Constance, c'est Alex Mirzoyan. Je voulais vous prévenir que je vais devoir être absent quelques jours. Mon fils est malade et il m'est impossible de le faire garder.

- Oh, mon pauvre, je suis désolée pour ton petit ! Il n'y a pas de soucis, je vais transmettre que... Mais attends, tu n'as pas d'enfant, il me semble...

Vous n'attendez pas la fin de sa phrase, vous raccrochez. Bon, ce n'est pas vraiment une façon de poser quelques jours, vous allez sûrement vous faire rabrouer à votre retour, mais vous aurez sans aucun doute un scoop digne de ce nom à rapporter qui fera oublier toute réprimande !

Notes

Chapitre III

Louxor, vallée des Rois, KV 62

Après quelques heures de vol, vous atterrissez à Louxor, l'ancien centre politique d'Égypte. Vous vous empressez de prendre un billet pour une excursion dans la vallée des Rois. Bien que vous vous y soyez préparé, la chaleur de l'Égypte vous écrase et vous brûle les poumons. Une fois cette sensation désagréable passée, vous découvrez un sublime paysage.

La vallée, surplombée par la Cime, une montagne haute de 420 m qui serait le lieu de résidence de la déesse Mertseger, est gigantesque. Devant vos yeux ébahis s'étale un dédale de tombes creusées il y a plus de 3 500 ans.

De nos jours, quasiment tous les hypogées sont accessibles et peuvent être visités. Les chemins sont balisés et les touristes nombreux. Très nombreux. Ce n'est pas un mal, vous pourrez plus facilement fausser compagnie à votre groupe quand le moment sera venu.

N'écoutant pas vraiment tout ce que raconte le guide, vous passez enfin sous l'imposante entrée de pierre et pénétrez dans la tombe de Toutankhamon.

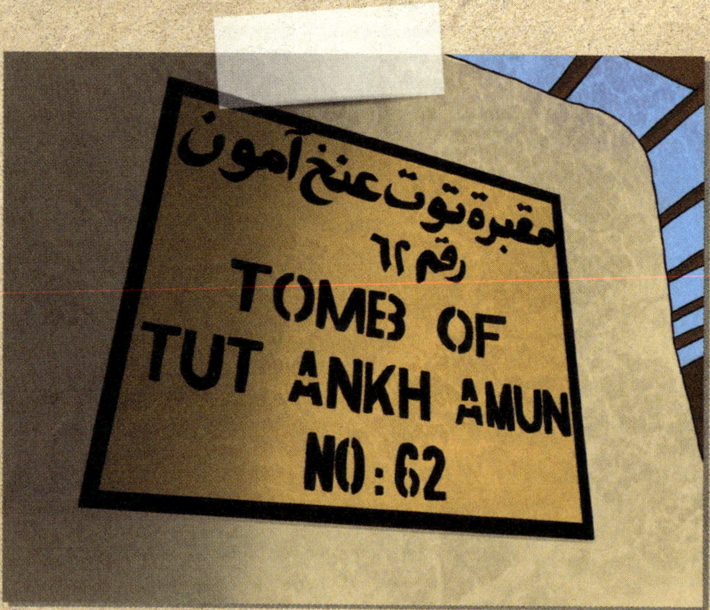

Vous descendez seize marches et vous aboutissez dans un corridor, aux parois nues, qui lui-même donne sur une antichambre aux murs vierges.

Contrairement aux autres tombeaux de la vallée des Rois, il n'y a pas de bas-reliefs représentant des passages du *Livre des morts*, le texte sacré de l'Égypte antique.

Ce qu'il y a d'étonnant également, c'est que, contrairement aux autres tombeaux de la vallée qui s'enfoncent sous terre par un long couloir et débouchent sur plusieurs salles, ici, le tombeau est ridiculement petit. En tournant la tête vers la paroi orientale, vous découvrez la chambre funéraire, la seule pièce décorée de la sépulture. Les fresques sont colorées et représentent des scènes principales du livre sacré, mais sans aucun détail.

Tout cela a visiblement été réalisé à la hâte. Des coulures de peinture sur les murs confirment cette hypothèse.

Au centre de cette pièce d'à peine 4,5 m de long sur 4 m de large, vous apercevez, protégé par un coffrage en verre, le sarcophage en or de Toutankhamon.

Des frissons vous parcourent. C'est majestueux, somptueux. Tous les superlatifs traversent votre esprit.

Et l'excitation s'intensifie car vous savez que là, derrière l'un des murs de cette sépulture de 96 m^2, se trouve un secret, une pièce inviolée, que vous allez, vous l'espérez, découvrir.

La visite touche à sa fin. Vous profitez de l'agitation du groupe pour vous glisser furtivement par la porte basse d'une des parois de la chambre funéraire.

Caché derrière un grand coffre en bois doré surmonté d'une statue d'Anubis, vous attendez que le groupe sorte et vous laisse le champ libre. Fort heureusement, pour des raisons de protection du site, il n'y a qu'un seul groupe autorisé à rentrer toutes les 45 minutes. Cela vous laisse un peu de temps pour entamer vos recherches.

Vous sortez le carnet d'Howard Carter et vous vous repérez sur le plan. Ce n'est pas trop compliqué, étant donné la taille du tombeau. Vous êtes dans la salle du trésor.

Maintenant, il s'agit de ne pas tout rater : vous devez trouver la paroi dans laquelle Carter a emmuré le coffre.

Dans quel mur devez-vous creuser pour trouver le coffre laissé par Carter ?

Ne tournez pas la page avant d'avoir trouvé où creuser.

Maintenant, si vous êtes sûr de vous, c'est parti : lisez la page suivante et poursuivez votre aventure.

Si vous êtes bloqué, consultez l'**indice** 4153. Vous êtes toujours bloqué ? Consultez l'**indice** 4753 à la fin du livre.

Notes

Malgré la petitesse de la sépulture, il y a tout de même beaucoup de murs et il est hors de question de saccager l'endroit pour trouver ce coffre ! C'est dans le carnet de l'explorateur que vous trouvez un début de réponse.

« Tu le trouveras ici, au travers. »

Ce n'est pas que du sens figuré. En regardant au travers de la page du carnet, derrière le mot « ici » qui est entouré, se trouve le mur de l'antichambre qui fait directement face au couloir. C'est obligatoirement à cet endroit qu'il faut creuser.

Avançant à pas feutrés, vous quittez la salle du trésor, repassez dans la chambre funéraire et arrivez dans l'antichambre.

Vous vous mettez dos au couloir et vous éclairez le mur d'en face. Rien de particulier ne vous saute aux yeux. Le mur n'est pas tout jeune, bien sûr, et il comporte de nombreuses irrégularités.

Vous vous rapprochez et glissez votre main sur le mur. Vous le tâtez, le tapotez. Soudain, le son change de tonalité. Vous parvenez à délimiter une zone de 40 x 30 cm. Cela ressemble à une petite cavité rebouchée.

Vous croisez les doigts en espérant ne pas vous être trompé. Vous présentez d'avance vos excuses à Toutankhamon, puis vous attrapez un caillou et commencez à frapper le mur aussi silencieusement que possible. La paroi ne tarde pas à s'effriter. Elle vous révéle ce que vous deviez trouver.

Vous tenez dans vos mains un magnifique petit coffre en albâtre richement décoré de pierres précieuses et d'or.

En l'ouvrant vous découvrez… En fait non, rien, le coffre est solidement fermé. Cela aurait été trop simple ! Vous tournez les boutons dans tous les sens, mais rien n'y fait : malgré une inspection minutieuse, vous ne parvenez pas à déceler de charnières.

La décoration de la plus grande face du coffre vous intrigue. Elle ne semble pas totalement scellée. Elle est mobile. Délicatement, vous appuyez sur une lamelle d'or et votre doigt s'enfonce de quelques millimètres. La lamelle reste ensuite dans cette position. Vous appuyez sur une lamelle décorée de rubis, qui s'enfonce de la même manière. Vous testez ensuite une lamelle de jade, qui reste elle aussi légèrement enfoncée. En tirant sur la poignée noire latérale, toute la décoration revient à sa position initiale.

Seraient-ce des boutons ? Une sorte de coffre-fort antique ? C'est incroyable ! Mais aussi étonnant que ce soit, vous vous dites qu'il va vous falloir trouver la bonne combinaison. Faudrait-il enclencher un certain nombre de lamelles de chaque couleur ?

Sur combien de rectangles de chaque couleur devez-vous appuyer pour ouvrir le coffre ?

Ne tournez pas la page avant d'avoir trouvé la combinaison.

Maintenant, si vous êtes sûr de vous, c'est parti : lisez la page suivante et poursuivez votre aventure. Si vous êtes bloqué, consultez l'**indice** 1619. Vous êtes toujours bloqué ? Consultez l'**indice** 6175 à la fin du livre.

Notes

Un indice ne se trouverait-il pas dans le plan que Carter vous a laissé dans son carnet ? Vous remarquez que le nom du roi y est écrit en noir, à l'exception de certaines parties colorées.

En les assemblant par couleur, vous obtenez :

- **le chiffre I en jaune**
- **le chiffre 8 en bleu**
- **le chiffre 7 en vert**

Dès que vous avez compris cela, vous vous empressez d'appuyer sur une lamelle d'or, huit lamelles de lapis-lazuli et sept lamelles de jade.

À votre grande surprise, le couvercle du coffre ne s'ouvre toujours pas, mais un petit objet longiforme en or tombe sur le sol, via une petite trappe située dans la partie inférieure du coffre.

Vous ramassez le bijou : c'est une sorte de broche avec une grosse tête de faucon dont l'extrémité se termine par une pointe.

Et maintenant ?

Vous faites les cent pas dans l'antichambre en essayant de comprendre quelle doit être votre prochaine action. Vous piquer avec la pointe et faire une offrande de sang ?

Il faut faire vite, il ne reste plus qu'une petite dizaine de minutes avant qu'un autre groupe de touristes n'entre dans le tombeau.

La chambre funéraire étant la seule à être peinte, vous décidez d'y jeter un œil. Peut-être y trouverez-vous un signe quelque part !

Dos à la momie qui repose en paix depuis des millénaires, vous fixez le mur.

D'instinct, vous savez qu'il doit y avoir quelque chose à faire avec tous ces singes, mais quoi ?

Que devez-vous faire avec le petit bijou en métal ?

Ne tournez pas la page avant d'avoir résolu l'énigme.

Maintenant, si vous êtes sûr de vous, c'est parti : lisez la page suivante et poursuivez votre aventure.

Si vous êtes bloqué, consultez l'**indice** 2956. Vous êtes toujours bloqué ? Consultez l'**indice** 1907 à la fin du livre.

En suivant les instructions de la **lettre A** sur le décodeur de lettres cachées, vous appuyez sur le bec du faucon. Un faisceau lumineux jaillit de l'œil du bijou, et projette pendant quelques secondes l'inscription suivante sur le mur :

Quand le roi traverse la nuit
pour l'au-delà, toutes les heures
par des babouins représentées.
Cette clef dans la pupille
de l'heure tu insèreras,
au croisement des chemins,
quand l'oiseau prend son envol
pour rejoindre la jarre, pendant
que l'homme retrouve le bœuf égaré.

Vous remarquez que certains hiéroglyphes disposés à côté des singes correspondent à ceux du texte.

En traçant une ligne entre l'oiseau qui s'envole et la jarre, puis entre l'homme et le bœuf, vous obtenez ceci :

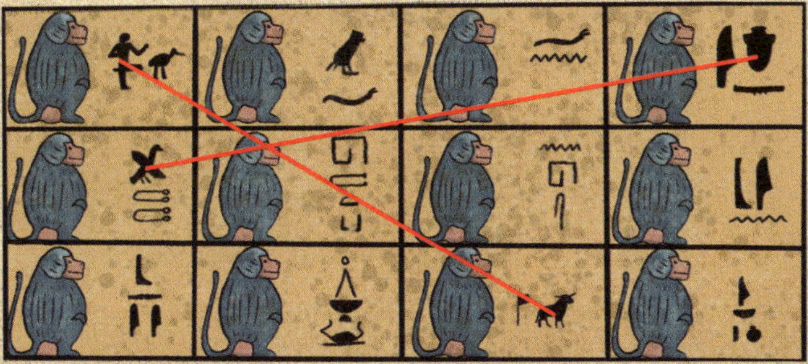

Vous glissez alors le bijou dans l'œil du singe au milieu de la deuxième colonne...

... et le sol se dérobe sous vos pieds.

Chapitre IV

Louxor, vallée des Rois, KV 62 bis

Tout est noir pendant ce qui vous semble être une éternité. Vous vous sentez glisser sur une sorte d'immense toboggan de pierres. Impossible de vous accrocher aux murs, tout va trop vite et les parois sont trop lisses pour que vous puissiez freiner avec vos pieds.

Soudain, votre vitesse ralentit. Vous venez de vous immobiliser. Dans un silence de mort, dans le noir, sous terre, là où personne ne peut vous trouver, vous vous mettez à paniquer. Le seul son que vous entendez est celui de votre cœur qui bat la chamade.

Tentant de surmonter votre peur, vous prenez une grande et longue inspiration, mais l'air fétide vous fait tousser.

Entendant que votre toux résonne, vous comprenez que vous êtes dans un espace assez large. Vous cherchez à tâtons votre téléphone, en espérant qu'il vous ait suivi dans cette chute, mais malgré tous vos efforts, vous ne mettez pas la main dessus. Il a disparu !

C'est la fin, vous avez découvert un secret mais vous ne savez pas lequel et, pire encore, vous allez sans doute mourir ici.

Vous vous levez difficilement, en espérant ne pas vous cogner la tête. Vous glissez à plusieurs reprises en essayant de remonter le chemin par lequel vous êtes venu, mais l'étrange toboggan ne présente aucune prise et vous vous épuisez rapidement.

À quatre pattes, vous caressez le sol pour tenter d'avancer, espérant éviter les trous ou toutes autres sortes de pièges.

Qu'est-ce que c'est ? Vous venez de mettre la main sur un bâton. Au moins aurez-vous à présent une arme rudimentaire si vous vous faites attaquer. Mais pourquoi penser à une telle chose maintenant ? Votre cœur bat de plus en plus fort !

Après vous être cogné la tête contre les murs à plusieurs reprises, vous faites le tour de la pièce. Hormis quelques bâtons au sol, vous n'avez rien trouvé qui puisse vous aider à sortir de là.

Une fois debout, vous continuez votre exploration des murs lisses et froids. Quelques instants plus tard, vous découvrez trois aspérités en relief qui semblent être insérées dans le mur : un **trait horizontal en dents de scie**, un **disque** et un **autre trait légèrement ondulé**, dont l'extrémité se termine par ce qui vous semble être des **cornes**.

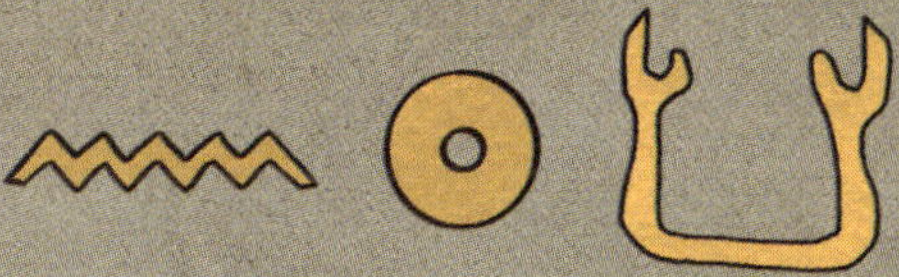

Vous êtes persuadé que ce sont des boutons. Faudrait-il appuyer sur l'un d'eux ? Vous n'avez plus rien à perdre.

Sur quel bouton allez-vous appuyer ?
Vous n'avez le droit qu'à un essai.

Si vous ne comprenez pas le sens de ces symboles, consultez l'**indice** 3827. Vous êtes toujours bloqué ? Consultez l'**indice** 3719 à la fin du livre.

- Si vous appuyez sur le premier bouton, lisez le texte correspondant à la lettre Z dans le tableau décodeur.
- Si vous appuyez sur le deuxième bouton, lisez le texte correspondant à la lettre D dans le tableau décodeur.
- Si vous appuyez sur le troisième bouton, lisez le texte correspondant à la lettre O dans le tableau décodeur.

La lumière vous fait découvrir, avec horreur, la nature du bâton que vous aviez attrapé un peu plus tôt. Il est blanc et ses extrémités sont arrondies. Un os ! Sur le sol, vous découvrez quelques restes humains. Immédiatement, dans un mouvement de dégoût, vous lancez l'os à l'autre bout de la pièce. Tremblant, vous sentez de nouveau la panique vous envahir.

Un bruit derrière vous attire votre attention. Une petite jarre glisse le long du toboggan et roule à vos pieds. Avec une certaine méfiance, vous la ramassez. Héqet, la déesse à tête de grenouille, est peinte dessus. Vous secouez la jarre et l'ouvrez.

De l'eau ? Oui, c'est de l'eau ! Votre gorge est tellement sèche et attaquée par l'air ambiant que vous n'avez qu'une envie : la boire. Mais est-ce bien prudent ?

Héqet étant la divinité associée au liquide, elle anime les corps et insuffle la vie... Au point où vous en êtes...

Vous avalez une rasade de la jarre. Que cela vous fait du bien ! L'eau est fraîche et légèrement parfumée. Vous en reprenez un peu, et finalement vous buvez tout le contenu, avant de vous écrouler de tout votre long sur le sol en pierre.

Plus tard, vous vous réveillez la bouche un peu pâteuse. Vous ne savez pas combien de temps vous êtes resté au sol, mais les courbatures que vous ressentez vous indiquent que vous avez dû rester allongé bien plus que quelques minutes.

Une fois remis sur pied, vous avez une drôle de sensation en regardant les murs de la pièce.

Vous avez l'impression que quelque chose a changé, sans savoir dire pourquoi.

D'un coup, vous avez le sentiment de déchiffrer les hiéroglyphes plus rapidement.

Vous jetez un coup d'œil à la jarre restée au sol. Qu'avez-vous donc bu ?

Vous passez de longues minutes à déchiffrer les hiéroglyphes qui vous entourent. Si vous deviez les résumer en quelques mots, vous diriez qu'ils expliquent que tout visiteur dans cette pièce doit franchir une série d'épreuves pour se montrer digne de « LA » rencontrer.

Rien ne précise de qui l'on parle, mais vous n'avez pas vraiment d'autre choix que de passer ces épreuves si vous voulez sortir vivant de cette pièce !

Soudain l'une des dalles du sol s'entrouvre et laisse apparaître la première épreuve.

Des hiéroglyphes expliquent que, pour pénétrer dans la salle suivante, il faut utiliser l'œil pour déposer du sable sur trois symboles.

Que Nebkhéperourê vous protège !

Sur quels hiéroglyphes devez-vous déposer du sable ?

Ne tournez pas la page avant d'avoir résolu l'énigme.

Maintenant, si vous êtes sûr de vous, c'est parti : lisez la page suivante et poursuivez votre aventure.

Si vous êtes bloqué, consultez l'**indice** 9217. Vous êtes toujours bloqué ? Consultez l'**indice** 4429 à la fin du livre.

En regardant attentivement la dalle décorée, vous remarquez sur le fond une trace qui ressemble fort à celle d'un cartouche.

Où est le cartouche de *Nebkhéperourê* que l'on vous a remis à Paris ? Ouf, il est toujours dans votre sac à dos. Et par chance, il n'a pas été cassé.

Il faut utiliser l'œil… Mais quel œil ?

En retournant le cartouche, vous apercevez trois yeux gravés. Ne faudrait-il percer un petit trou au travers ? À l'aide de la pointe, vous transpercez l'iris des yeux et déposez le cartouche sur la dalle. Les petits trous vous indiquent les trois symboles sur lesquels déposer le sable !

Vous grattez le sol environnant pour récupérer un peu de sable. Vous déposez délicatement le sable sur le cartouche en faisant en sorte qu'il ne s'écoule qu'à travers les yeux.

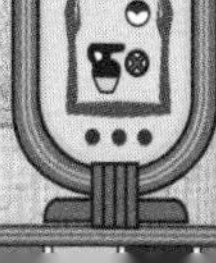

Aussitôt, une énorme dalle de pierre du mur qui se trouve en face de vous s'ouvre vers le haut, laissant apparaître un long couloir obscur.

Soudain, deux flammes s'allument de part et d'autre du couloir et s'enfoncent dans l'obscurité.

Les flammes atteignent le fond du couloir et embrasent une série de réceptacles. Vous découvrez alors une nouvelle salle. Prenant votre courage à deux mains, vous avancez dans le couloir.

Après quelques pas, vous entendez la grande dalle de pierre se refermer derrière vous. Les flammes dansent et projettent des ombres inquiétantes sur les murs ocres de la large pièce dans laquelle vous pénétrez.

Face à vous, vous découvrez trois portes en pierre. Au-dessus d'elles, un message apparaît.

Passez les portes,
Réussissez les épreuves,
Trouvez le NOMBRE,
Énoncez-le,
Et ELLE apparaîtra.

Apparemment, vous n'êtes pas au bout de vos surprises. Il va falloir se triturer les méninges si vous ne voulez pas que la suie qui se dégage des flammes vous asphyxie.

Vous vous attelez à résoudre les énigmes de chacune des trois portes.

Porte de gauche

Vous déchiffrez le verbe « Embellir » inscrit sur la porte.

Onze pierres incrustées se trouvent sur le dessus de la porte, mais il semble que la première soit manquante. L'énigme consisterait-elle à choisir la couleur à mettre dans cet emplacement ?

En entrant dans la pièce, vous avez remarqué un petit panier contenant des pierres de même forme. Vous y trouvez des pierres rouges, bleu clair, dorées, bleu foncé et vertes.

Quelle pierre devez-vous choisir pour parfaire le motif ?

Ne tournez pas la page avant d'avoir résolu l'énigme.

Maintenant, si vous êtes sûr de vous, c'est parti : lisez la page suivante et poursuivez votre aventure.

Si vous êtes bloqué, consultez l'**indice** 1322. Vous êtes toujours bloqué ? Consultez l'**indice** 5527 à la fin du livre.

Cette série de couleurs vous rappelle quelque chose.

Mais oui ! Au bas de la porte est dessiné le cartouche de Toutankhamon. La série de couleurs fait donc référence au masque funéraire de ce pharaon.

Vous saisissez la pierre de couleur dorée et vous la placez sur le dessus de la porte. Cette dernière s'ouvre bruyamment dans un nuage de poussière.

Vous découvrez alors une petite pièce. Au centre, vous apercevez une table sur laquelle est déposé un papyrus avec d'étranges symboles.

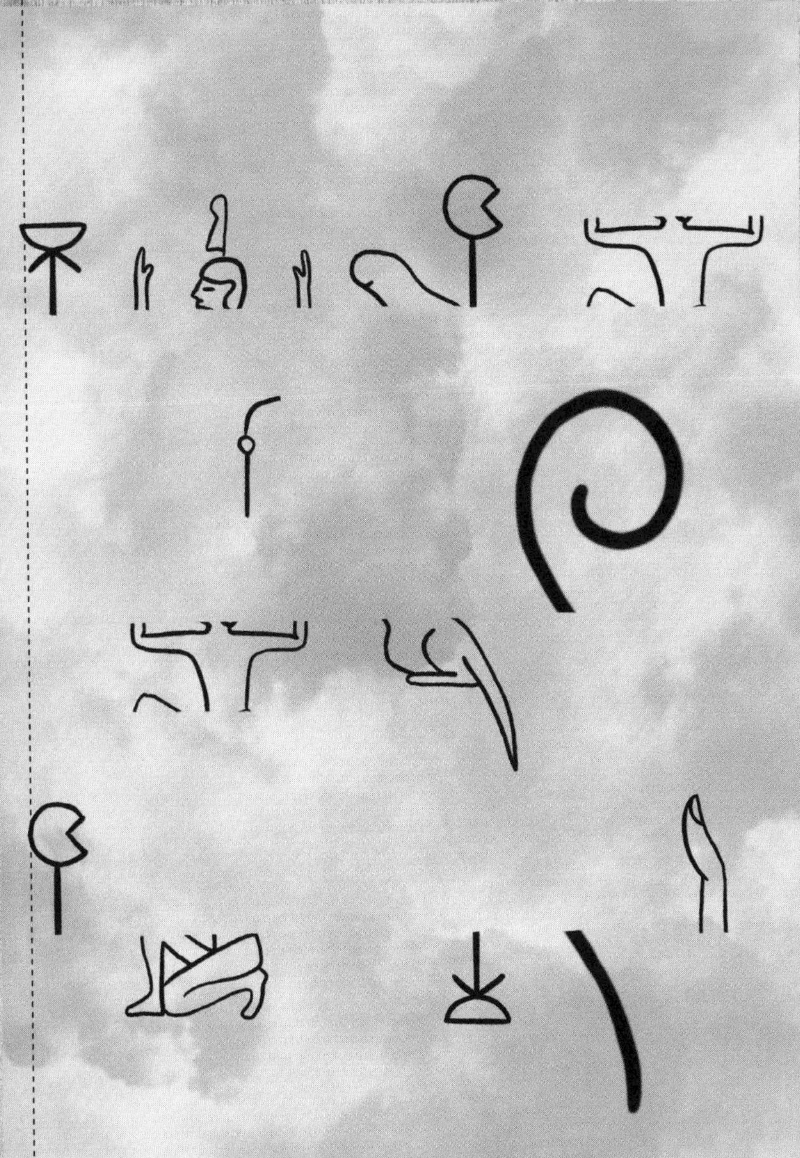

L'or est dans le pli de la valleé, le rubis en haut de la montagne

À peine avez-vous pris le papier dans votre main que la porte émet un grincement et commence lentement à se refermer. Il ne vous en faut pas plus : vous sortez en vitesse !

Vous êtes de retour dans la grande salle. L'air est un peu moins respirable que tout à l'heure. Il va falloir accélérer !

Vous vous penchez sur le papyrus que vous venez de récupérer et vous regardez les symboles de plus près.

Que vous révèle-t-il ?

Si vous êtes bloqué, consultez l'**indice** 4361. Vous êtes toujours bloqué ? Consultez l'**indice** 9716 à la fin du livre.

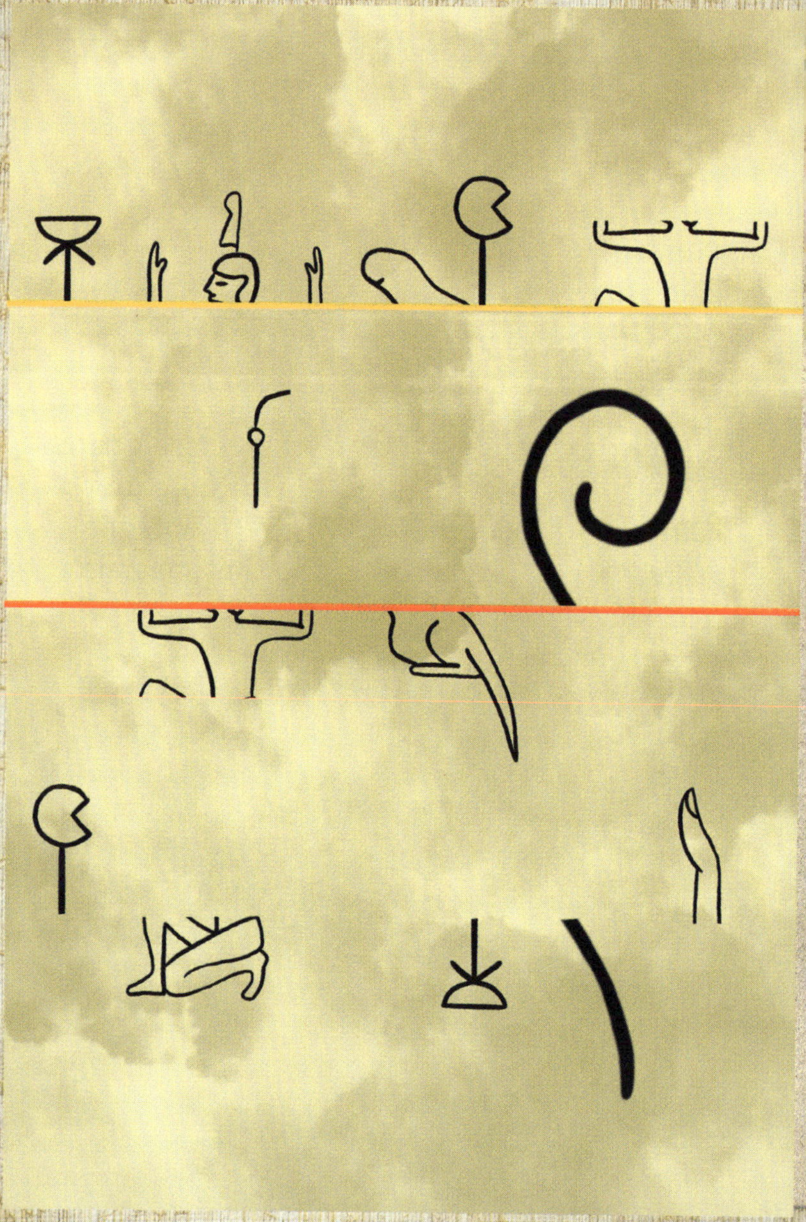

Le papyrus nécessite du pliage. La phrase écrite au verso explique la méthode. Il faut faire un pli « vallée » sur le trait doré et un pli « montagne » sur le trait rouge. Cette manipulation fait apparaître au recto un seul symbole complet.

Porte de droite

Lorsque vous vous approchez de la porte de droite, vous sentez un petit souffle sur votre visage : la porte est entrouverte.

Flairant le piège, vous poussez légèrement la porte du bout du pied, attendant qu'un mécanisme caché vous menace une nouvelle fois.

Mais étonnamment, rien ne se passe. Vous continuez à ouvrir la porte et vous entrez dans la salle suivante.

Au centre de la salle, vous découvrez un coffre ouvert dans lequel se trouve un papyrus. En le prenant, vous pouvez lire l'inscription suivante :

« Traversez le fleuve de la nuit et attrapez l'un des trois bijoux dorés. Vous ne pouvez survivre qu'à trois piqûres de scorpion et trois morsures de serpent. »

Cela vous donne froid dans le dos !

Vous retournez rapidement sur vos pas avant que la porte ne se referme.

Une fois en sécurité dans la grande salle, vous relisez l'inscription et vous en déduisez que vous devez choisir l'un des trois chemins et donc l'un des bijoux dorés.

Mais lequel ?

Si vous êtes bloqué, consultez l'**indice** 7992. Vous êtes toujours bloqué ? Consultez l'**indice** 2469 à la fin du livre.

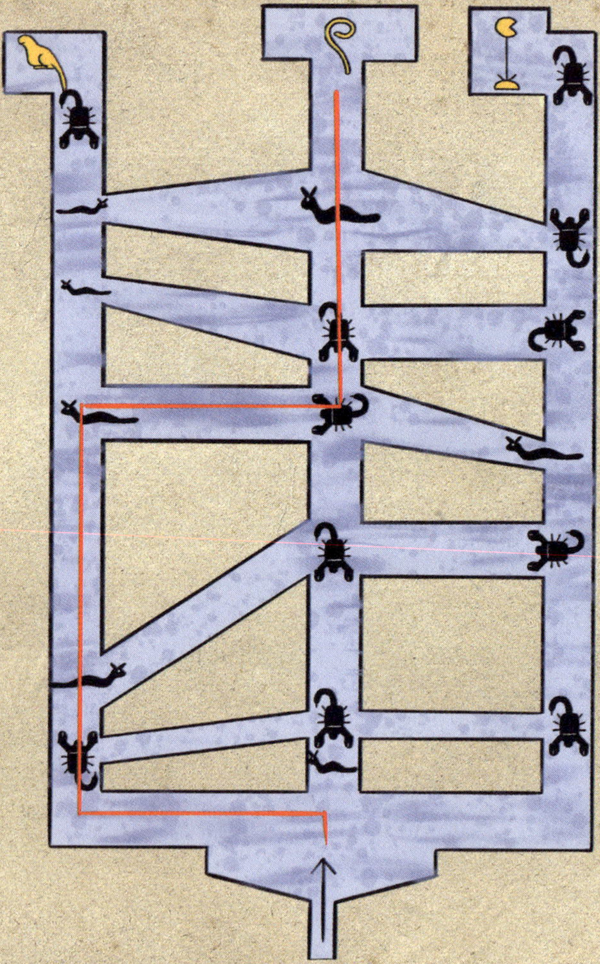

Vous comprenez que sur le papyrus, il faut emprunter le chemin de gauche puis rejoindre le centre pour le traverser sans dépasser le nombre de morsures et de piqûres autorisé.

Vous arrivez au symbole suivant :

Porte du milieu

En vous approchant de la porte centrale, vous découvrez qu'il va sans doute vous falloir trouver un code, donc un nombre, pour ouvrir la porte.

Au centre de celle-ci, vous apercevez un carré rempli de symboles et au-dessus, des pierres de différentes couleurs. Vous devinez que quand il y a une pierre verte sur une colonne, c'est qu'il y a un symbole bien placé, qu'une pierre orange signifie qu'un symbole est correct, mais mal placé. Et enfin, une pierre rouge désigne un symbole incorrect.

Quel est le bon code à trois symboles ?

Ne tournez pas la page avant d'avoir trouvé le code.

Maintenant, si vous êtes sûr de vous, c'est parti : lisez la page suivante et poursuivez votre aventure.

Si vous êtes bloqué, consultez l'**indice** 5198. Vous êtes toujours bloqué ? Consultez l'**indice** 8492 à la fin du livre.

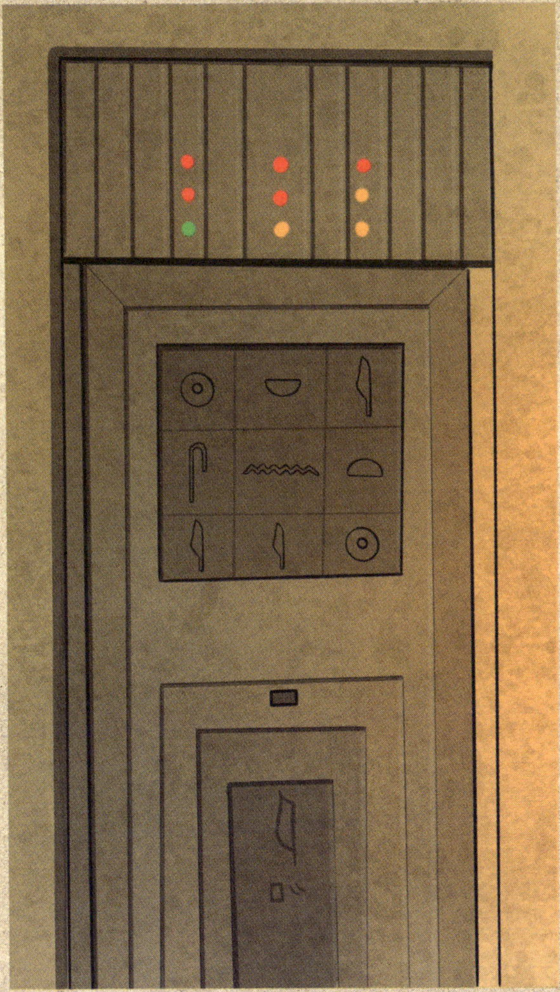

Comme la feuille de roseau est au même endroit dans les colonnes 1 et 2 et qu'aucun symbole n'est bien placé dans la deuxième colonne, vous l'éliminez tout de suite. Il reste alors dans la première colonne le cercle et la canne qui sont possiblement bien placés.

Grâce à la troisième colonne, vous savez que le bol à l'envers et le cercle sont mal placés. Vous en déduisez alors que le cercle est l'un des symboles à garder et qu'il est correctement placé dans la première colonne. La canne n'est donc pas un symbole à garder car il n'y a qu'un voyant vert au-dessus de cette colonne.

Le bol à l'envers étant mal placé dans la troisième colonne, il doit donc être placé en bas.

Grâce à la deuxième colonne, vous déduisez que le bol est au centre car il y a un symbole mal placé et une seule case de libre.

Vous appuyez donc sur les symboles suivants :

La porte s'ouvre en dégageant un léger nuage de poussière. Vous entendez des insectes détaler le long des murs. Au centre de la pièce, vous voyez une table en or sur laquelle est déposé un papyrus : une grille remplie, probablement aléatoirement, de hiéroglyphes. Une case est entourée en rouge. Il faut sûrement deviner son contenu.

De retour dans la grande salle, vous vous concentrez pour découvrir ce qui manque dans cette case.

De quoi s'agit-il ?

Si vous êtes bloqué, consultez l'**indice** 2335. Vous êtes toujours bloqué ? Consultez l'**indice** 6813 à la fin du livre.

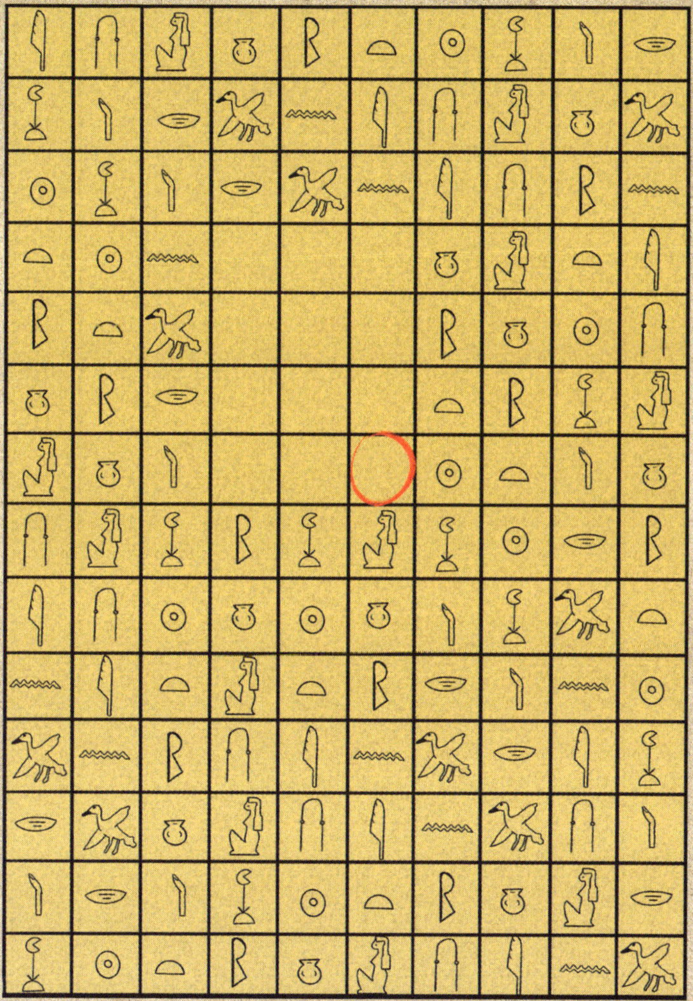

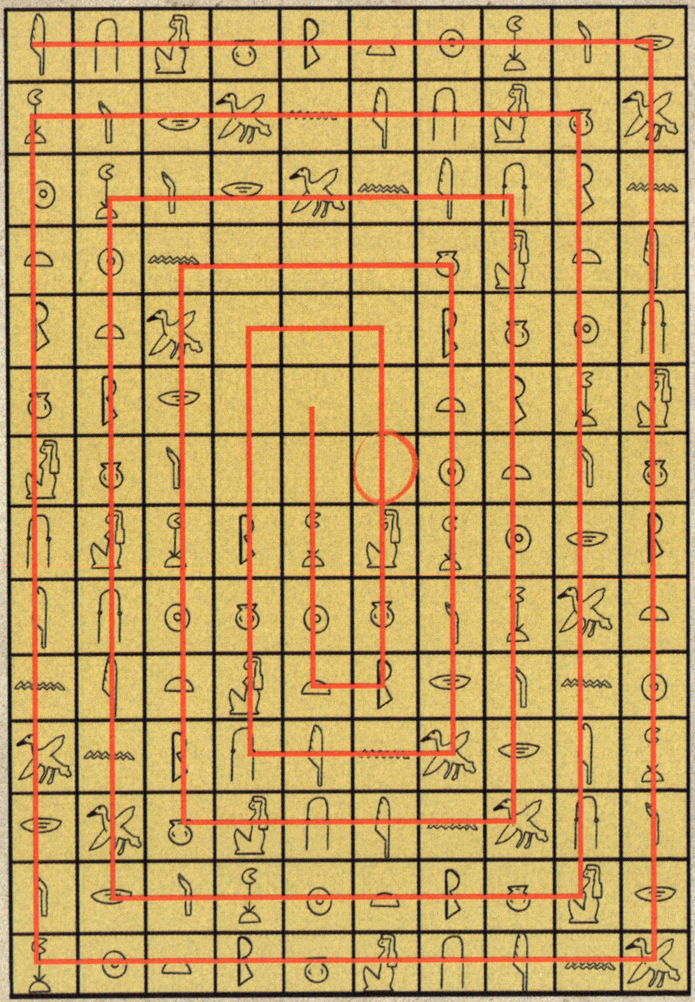

Le papyrus semble vous inviter à trouver le hiéroglyphe présent dans la case entourée en rouge.

Pour le découvrir, il suffit de suivre la suite logique, inscrite en spirale en partant d'en haut à gauche et comprenant 12 symboles :

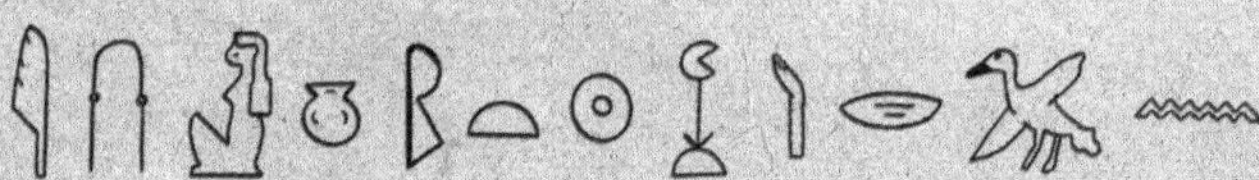

Vous découvrez alors que le symbole qui manque est :

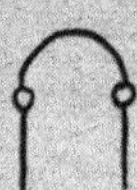

Ça y est ! Vous êtes parvenu au bout des trois énigmes. Vous vous félicitez intérieurement : ce n'était pas une mince affaire ! Mais rapidement, vous sentez que vous n'avez pas le temps de vous réjouir. Des petits points dansent devant vos yeux et votre tête commence sérieusement à tourner, sûrement à cause du manque d'oxygène dans cette pièce enfumée.

Vous regardez les trois papyrus que vous avez dans les mains et relisez la phrase gravée au-dessus des portes.

Passez les portes,
Réussissez les épreuves,
Trouvez le NOMBRE,
Énoncez-le,
Et ELLE apparaîtra.

Vous comprenez qu'il faut trouver un nombre à partir de ces trois papyrus. En prêtant attention au bas de la porte de droite, vous remarquez une sorte de lettre.

Quel est le nombre que vous devez énoncer à haute voix ?

Ne tournez pas la page avant d'avoir trouvé le nombre.

Maintenant, si vous êtes sûr de vous, c'est parti : lisez la page suivante et poursuivez votre aventure.

Si vous êtes bloqué, consultez l'**indice** 6778. Vous êtes toujours bloqué ? Consultez l'**indice** 7128 à la fin du livre.

Grâce à la **lettre H** découverte sur la porte de droite, vous connaissez la signification de ces symboles : ce sont des hiéroglyphes qui matérialisent des nombres.

Vous obtenez donc le nombre 1110.

Sans attendre, vous utilisez les dernières bouffées d'oxygène pour hurler la réponse dans la pièce. Votre voix résonne tout autour de vous et vous suffoquez. Vous vous écroulez au sol, à demi-conscient, les yeux clos.

Soudain, le bruit d'un violent courant d'air retentit et vous sentez la salle se vider presque en un instant de son air vicié. Vous reprenez difficilement votre respiration et vous ouvrez les yeux. Vous vous attendiez à tout sauf à ça !

Les murs ocres de la pièce se sont effrités et la couche d'enduit tombée au sol laisse maintenant apparaître de manifiques fresques. L'une d'elles montre le sommet de la Cime, la montagne qui surplombe la vallée des Rois. Tout en haut se tient une femme d'une beauté légendaire. Sa longue robe en lin blanc flotte au gré du vent.

Ce visage, cette coiffe... Serait-ce... ?

Chapitre V

Louxor, vallée des Rois, 1358 avant J.C.

C'est elle : Néfertiti ! La reine d'Égypte.

Vous avez du mal à quitter des yeux ce somptueux visage. En contre-bas de la montagne, vous découvrez une procession qui brille de mille couleurs, et qui rassemble des milliers de personnes. À sa tête un homme, sans doute un pharaon.

Il est écrit sur le côté :

« Triste jour pour notre pays d'Égypte : enterrement de Nebkhéperourê »

Vous trouvez cela magnifique et vous êtes subjugué par tant de couleurs et par la beauté des peintures et gravures qui s'offrent à vous. Cependant, la suite de votre lecture va donner un goût amer à tout ce décor.

Il est écrit que « le roi en tête de la procession est un dénommé Aÿ, l'ancien vizir de Nebkhéperourê. Depuis le couronnement du jeune roi, à l'âge de neuf ans, il ne rêvait que d'une chose : prendre sa place. »

L'histoire continue sur la fresque suivante, qui vous dépeint un paysage désertique.

Deux chars, tirés par des chevaux hors d'haleine, foncent côte à côte à travers la plaine aride. En étudiant rapidement les cartouches vous comprenez qu'ils représentent Aÿ et Nebkhéperourê.

Les hiéroglyphes gravés sur la fresque racontent qu'à son couronnement, NebKhéperourê reçut, comme tous les pharaons avant lui, une panoplie d'objets symboliques lui permettant de régner.

Malheureusement, la soif de pouvoir de Aÿ le poussa à commettre l'impensable. Il sortit son khépesh et il transperça d'un coup sec le cou du jeune roi, alors âgé de 19 ans. Il tua le pharaon qu'il était censé protéger.

Il mit le corps du défunt roi dans un ancien tombeau de noble avant de le sceller. Avide de pouvoir et de richesse, Aÿ épousa la veuve de Nebkhéperourê et devint en quelques jours le nouveau pharaon d'Égypte, craint de tous. Sa première décision fut de bannir à jamais le nom de Nebkhéperourê. Des sculpteurs étaient alors chargés, dans tout le royaume, de briser son nom partout où il était inscrit.

Abasourdi, vous vous tournez vers la troisième fresque, qui représente Néfertiti qui tient dans sa main un scarabée et qui explique la triste fin de sa vie.

« Étant proche de Nebkhéperourê, j'étais devenue une menace. J'ai dû fuir à travers le désert. Tempête après tempête, je luttais pour survivre. J'étais à bout de forces quand un scarabée doré m'apparut et me montra le chemin jusqu'à une ancienne tombe de noble, à moitié ensevelie et oubliée de tous, où je découvris le corps de Nebkhéperourê. C'est à ce moment que je compris que je devais protéger sa dépouille et, par-dessus tout, son nom et son histoire.

Je fis donc décorer en toute hâte cette tombe dans le plus grand secret. »

Vous saisissez alors ce que les archéologues essayent de comprendre depuis des années : les raisons qui expliquent pourquoi cette tombe est si déroutante, pourquoi les peintures ont coulé sur le mur, pourquoi tout est si « pauvre » artistiquement pour la tombe d'un roi, pourquoi tous les objets étaient entassés dans une seule pièce, en vrac...

Vous continuez votre lecture.

> « Pour me protéger, je suis me suis réfugiée là où il ne m'aurait jamais cherchée, dans les salles secrètes, inconnues de tous, du nouveau tombeau de Nebkhéperourê.

Je pense que je vais finir mes jours ici, il en va de l'honneur de l'Égypte de protéger cette histoire, pour qu'elle voyage et qu'un jour la vérité soit sue.

En attendant, des « défenseurs » veillent à ce que la tombe de Nebkhéperourê ne soit jamais découverte. L'ordre changera probablement de nom au cours des millénaires pour protéger ses secrets. J'espère qu'il ne faillira pas. »

Les disciples de Vinci seraient-ils les descendants des défenseurs dont parle le texte ? Tout ceci apporte plus que questions que de réponses.

Et la « malédiction » de Toutankhamon, viendrait elle donc de Néfertiti ? Aurait-elle mis en place un système de « défenses » pour intoxiquer les premiers visiteurs ?

Votre tête tourne, vous avez du mal à vous dire que vous n'êtes pas en train de rêver.

Vous vous appuyez contre le mur pour reprendre vos esprits. Mais sous votre main, le mur s'enfonce légèrement.

Un autre mur de la salle se met à trembler. Vous reculez d'un pas. Une nouvelle salle secrète apparaît devant vous. Au centre, sur un chevalet d'or, une superbe bague en or, marquée du sceau de Nebkhéperourê.

Sur un papyrus, posé sur le chevalet, est écrit ceci : *« Prenez cette bague, elle vous indiquera le chemin de la sortie et vous protègera tout au long de votre vie. »*

Seul dans cette salle, face à ces révélations, votre esprit est en ébullition.

Vous regardez une nouvelle fois ces fresques magnifiques avant que vos yeux ne commencent à piquer.

Des petits points s'agitent autour de vous et c'est le néant.

Conclusion

Paris, chez vous

BIP BIP… BIP BIP… BIP BIP !

Votre réveil sonne de plus en plus fort.

Vous vous réveillez en sursaut. D'un geste brusque, vous écrasez le bouton de l'appareil.

Dieu merci ! Tout ceci n'était qu'un rêve !

Mais quel jour sommes-nous ? Lundi ? Il est 10 h ? Vous êtes en retard !

Oh non, votre patron va encore vous sermonner pendant des heures et des heures !

Vous sautez du lit et filez sous la douche. Vous souriez en pensant à l'absurdité de votre rêve. Il faut vraiment que vous arrêtiez de vous endormir en regardant des séries. Cela vous fait faire de drôles de rêves.

Bon, tant pis pour le café, vous le prendrez au bureau.

Super, vous n'avez pas fait de lessive depuis un bout de temps ! Vous attrapez la chemise et le jean qui traînent sur le dossier de la chaise du salon. En enfilant votre pantalon, un petit objet s'échappe de votre poche et tombe à vos pieds.

Mais… c'est impossible !

« Si tu es puissant, agis en sorte que l'on te respecte, en fonction de la connaissance et du calme du langage, ne donne d'ordres que lorsque les circonstances l'exigent… »

Ptahhotep,
vers 2400 avant J.-C.

FIN

Décodeur des lettres cachées

D	Lisez la page 123.
C	En ouvrant l'abricot vous découvrez… un noyau. Bon… Au moins, vous avez compris le principe de ce décodeur !
Z	Lisez la page 121.
A	Vous appuyez sur le bec du faucon. Un faisceau lumineux jaillit de l'œil du bijou, et projette pendant quelques secondes une inscription sur le mur : *Quand le roi traverse la nuit pour l'au-delà, toutes les heures par des babouins représentées.* *Cette clef dans la pupille de l'heure tu insèreras, au croisement des chemins, quand l'oiseau prend son envol pour rejoindre la jarre, pendant que l'homme retrouve le bœuf égaré.*
O	Lisez la page 122.
H	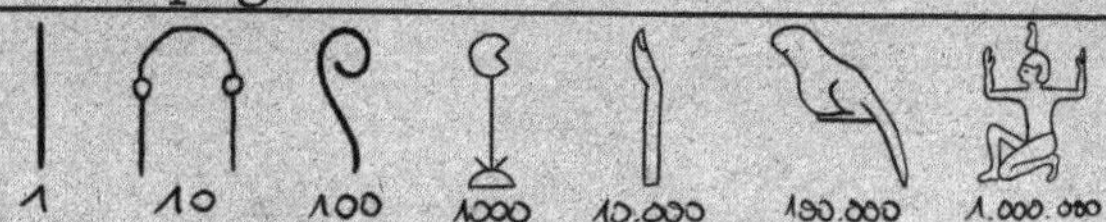

Indices

1322 - Vous avez déjà vu cet enchaînement de couleurs quelque part…

1619 - Le plan de Carter n'a pas encore révélé tous ses secrets.

1907 - Le texte du décodeur de lettres cachées détaille des hiéroglyphes à relier. Regardez ce qu'il est dit pour la lettre A.

2335 - Il y a une suite logique dans ces hiéroglyphes. Le point de départ se situe en haut à gauche.

2469 - Commencez par le chemin de gauche puis avancez deux fois vers le haut.

2789 - Observez les boutons. N'avez-vous pas déjà vu cette forme quelque part ?

2928 - Regardez le nom de l'auteur en page 3, vous trouverez sa transcription en hiéroglyphes juste en dessous. Reliez chaque symbole à une lettre de notre alphabet. Vous pouvez désormais décrypter le message écrit sur le papyrus.

2956 - Observez bien le bijou et relisez les règles du jeu : ne voyez-vous pas une lettre ?

3719 - Le symbole en dents de scie représente l'eau… N'avez-vous pas déjà vu le rond quelque part ?

3827 - Chaque bouton correspond à un hiéroglyphe.

4153 - Howard Carter vous a laissé un indice. Il faut savoir lire à travers les lignes…

4361 - Il faut se plier aux indications.

4429 - N'avez-vous pas un objet à utiliser ? Peut-être qu'en regardant à travers... Allez, prenez vos ciseaux !

4753 - Un mot est entouré sur le carnet, regardez à travers.

5198 - Commencez par voir si la feuille de roseau (qui ressemble à une plume) est l'un des symboles à garder.

5527 - Cette série de couleurs ne vous fait-elle pas penser à un certain masque d'or ?

5734 - Demandez un peu d'aide à l'auteur.

6175 - Sur le plan de Carter, le nom de Toutankhamon possède des couleurs similaires à celles sur le coffre. Assemblez les couleurs entre elles.

6778 - Regardez attentivement les portes face à vous.

6813 - La suite logique comporte 12 hiéroglyphes différents et est écrite en spirale.

7128 - Sur chaque papyrus se trouve une partie du nombre que vous pouvez déchiffrer grâce à l'indice en forme de lettre gravé sur l'une des trois portes.

7992 - Commencez par le chemin de gauche.

8492 - La feuille de roseau ne fait pas partie des symboles à garder. Le premier symbole est un cercle.

8631 - Observez bien le dessin de l'éléphant.

9217 - Il y a comme une forme qui se détache sur l'ensemble de la plaque. Munissez-vous de ciseaux !

9716 - Découpez le papyrus et pliez-le selon les traits, vous devriez faire apparaître un hiéroglyphe.

Quelques instants après avoir appuyé sur le symbole en dents de scie, vous entendez un bruit lointain, mais très particulier : de l'eau.

Soudain, dans un fracas tonitruant, ce sont des litres et des litres qui se déversent dans la salle. Pris de panique, vous avez déjà de l'eau jusqu'aux genoux. Vous appuyez sur les autres boutons, espérant déclencher l'ouverture d'une porte ou d'une trappe.

Reprenez à la page 67 en ajoutant deux croix au tableau « Erreur ».

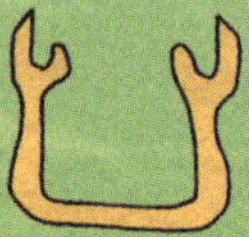

Malheureux !

Vous avez appuyé sur le symbole du serpent, la vipère à cornes plus précisément.

Soudain, un cobra à l'air menaçant apparaît. Par chance, vous réussissez à vous enfuir en courant avant qu'il ne vous saute à la gorge !

Reprenez à la page 67 en ajoutant deux croix au tableau « Erreur ».

Rê, le dieu Soleil, vous vient en aide grâce à ses rayons dorés. Après quelques secondes d'éblouissement, vous découvrez une pièce richement décorée. Sont peintes sur ses murs les représentations de Rê, d'Âqen, le dieu des nécropoles et des morts, et d'Apophis, le serpent géant, dieu de la nuit.

Vous n'osez imaginer ce qui se serait passé si vous aviez appuyé sur les autres boutons !

Vous pouvez maintenant continuer votre aventure page 68.

Notes

Notes

Collez ici une enveloppe pour garder précieusement
les documents découpés !

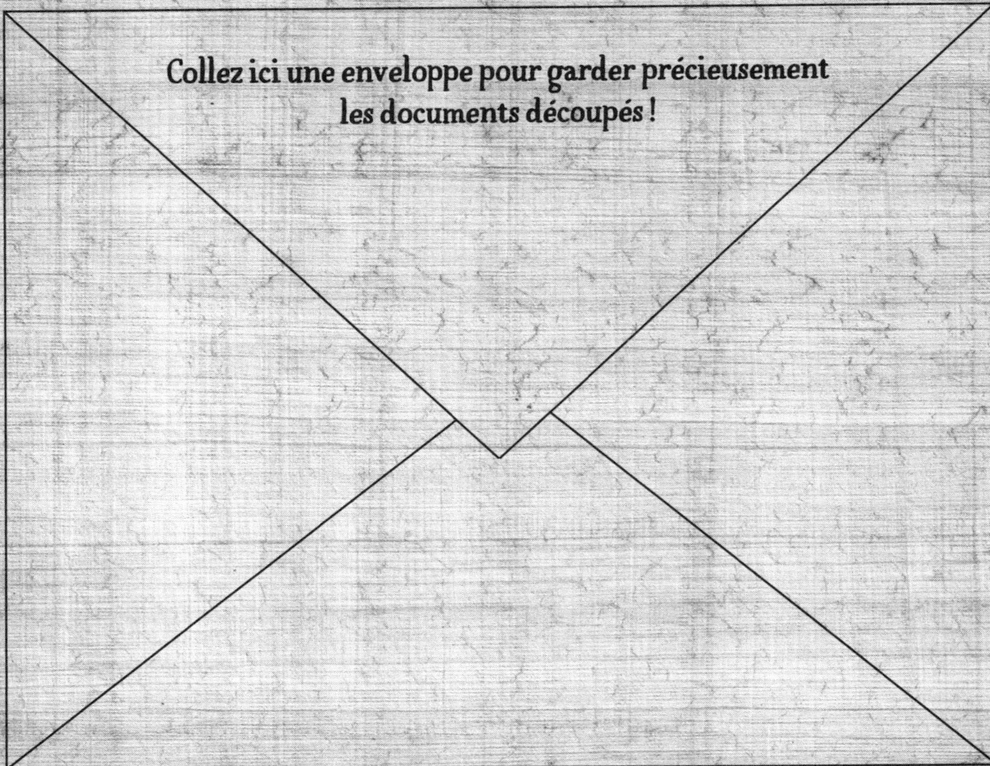

Collez ici une enveloppe pour garder précieusement les documents découpés !

Imprimé en Italie par STIGE SPA
Dépôt légal : février 2020 - 324778/01
N° de projet : 11042665 - février 2020

PAPIER À BASE DE FIBRES CERTIFIÉES

LAROUSSE s'engage pour l'environnement en réduisant l'empreinte carbone de ses livres. Celle de cet exemplaire est de : 500 g éq. CO_2
Rendez-vous sur www.larousse-durable.fr